LETTRES-PATENTES

SUR ARREST,

Données à Versailles le 11 Avril 1752.

PORTANT Réglement sur l'Administration des Affaires Municipales de Grenoble.

REGISTRÉES EN PARLEMENT.

A GRENOBLE,

De l'Imprimerie d'ANDRÉ GIROUD, Imprimeur-Libraire du Parlement ; à la Salle du Palais.

AVEC PRIVILEGE.

LETTRES PATENTES
SUR ARREST,

Données à Versailles le onzieme jour d'Avril 1752.

PORTANT *Réglement fur l'Administration des Affaires Municipales de Grenoble.*

REGISTRE'ES EN PARLEMENT.

OUIS, par la grace de Dieu, Roi de France & de Navarre, Dauphin de Viennois, Comte de Valentinois & Diois : A nos amés & féaux Conseillers les Gens tenant notre Cour de Parlement & des Aides à Grenoble, & tous autres nos Officiers & Justiciers qu'il appartiendra, SALUT. Nous avons été informés que l'administration des Affaires Municipales de Grenoble, Capitale de notre Province de Dauphiné, est confiée à quatre Consuls choisis & élus par les Habitants, de la maniere prescrite par l'Arrêt de notre Conseil du 7 Juillet 1731 ; que les affaires sont d'abord portées dans un Conseil ordinaire, où la plupart ne sont point décidées, mais ensuite mises en délibération dans un Conseil général,

4

appellé Conseil de quarante ; que dans plusieurs occasions les
Consuls prennent directement les ordres de l'Intendant de la
Province, chargé par état de veiller à l'administration des Communautés ; que le premier Consul, suivant d'anciens Réglements
de notre Cour de Parlement de Grenoble des années 1557 &
1672, faits par provision, & sous le bon plaisir des Rois nos
prédécesseurs, est tiré du Corps de la Noblesse d'épée ou de
robe ; le second, de la Communauté des Procureurs en notre
Cour de Parlement ; le troisieme, du Corps des Marchands, &
le quatrieme, dans le nombre des notables Habitants des
quartiers de la Perriere & de Saint-Laurent, qui sont séparés
du surplus de la Ville par la riviere d'Isere : Que leurs gages
ont été fixés par le Gouverneur & les Intendants de la Province,
& en dernier lieu par l'Arrêt de notre Conseil du 13 Août 1715;
savoir, ceux du premier Consul, à 400 livres ; ceux du second,
à 300 livres ; ceux du troisieme, à 200 livres, outre 600 livres
qui lui sont accordées comme chargé de la Recette des revenus de la Ville, & ceux du quatrieme, à 200 liv. indépendam-
ment d'un droit de marque qu'il exige sur les mesures d'étain ;
que si cette administration semble bien établie, elle demande
cependant pour l'avantage de la Ville quelques changements :
Que les Nobles d'épée qui ont toujours été destinés avec raison
pour la premiere place de Consul, ne fournissant pas, comme
on le desireroit, assez de sujets pour la remplir, à cause de leurs
affaires personnelles qui ne leur permettent pas de se livrer
entiérement à celles de la Ville, il paroît indispensable d'admettre également dans cette place des sujets pris dans l'Ordre
des Avocats ; de confirmer l'usage dans lequel on est de desti-
ner la seconde place aux Procureurs au Parlement, & d'admettre indistinctement, pour la troisieme, les Notaires, Procureurs
au Bailliage, les Bourgeois vivant de leurs revenus, & les
Marchands ; que d'ailleurs les gages dont jouissent actuellement les quatre Consuls ne sont pas proportionnés, eu égard
aux revenus & aux charges de la Ville, à la perte réelle du
temps que l'administration des affaires de la Communauté exige;
qu'il conviendroit encore que le premier Consul eût un domestique à la livrée de la Ville, attaché à sa personne, & à celle du
second Consul en son absence ; que la recette des revenus &

les différents paiements qu'il fait faire pendant le cours de l'année, formant un objet d'occupation suffisant pour une personne, empêchent le troisieme Consul de se livrer à aucun autre détail relatif au Consulat ; ce qui doit déterminer à confier cette Recette à un autre Habitant solvable, avec des émoluments proportionnés à ses soins, & avec la faculté d'entrer aux Assemblées de l'Hôtel-de-Ville, & d'y avoir voix délibérative, lorsqu'il ne s'agira point de sa gestion : Que les changements survenus depuis l'établissement des deux Conseils, exigent qu'ils soient formés de nouveau, & que le Conseil général soit réduit à un nombre moindre de quarante, soit parce que ce nombre ne se trouve presque jamais à aucune Assemblée, soit parce que l'expérience apprend, que, plus les Assemblées des personnes de différents états sont nombreuses, moins les affaires y sont examinées avec l'attention qu'elles exigent ; qu'enfin on n'a pas prévu par les anciens Réglements, qu'il arrive souvent des affaires peu importantes, mais qui sont instantes & provisoires, dont l'administration semble devoir être confiée à la prudence des seuls Consuls, sans exiger qu'ils en referent au Conseil. Ces différents objets Nous ayant paru mériter une attention particuliere, Nous y avons pourvu par Arrêt cejourd'hui rendu en notre Conseil d'Etat, Nous y étant, & ordonné que, pour l'exécution d'icelui, toutes Lettres Patentes nécessaires seroient expédiées. Et voulant que ce que Nous avons réglé sorte son plein & entier effet, Nous avons conformément audit Arrêt, dont l'expédition est ci-attachée sous le contre-scel de notre Chancellerie, dit, déclaré & ordonné, & par ces Présentes signées de notre main, disons, déclarons & ordonnons, voulons & Nous plaît ce qui suit :

ARTICLE PREMIER.

Il sera convoqué le premier Octobre prochain, & dans la forme prescrite par l'Arrêt de notre Conseil du 7 Juillet 1731, une Assemblée à l'effet d'y être procédé à l'élection d'un premier & d'un troisieme Consul qui seront choisis ; sçavoir, le premier dans le Corps de la Noblesse d'épée ou de robe, ou dans celui des Avocats indistinctement ; & le troisieme, dans le Corps des Notaires, Procureurs au Bailliage de Graisivodan &

6

des Bourgeois & Marchands, lequel ne pourra être chargé à l'avenir de la Recette des revenus de la Ville, attendu que nous déclarons le Consulat incompatible avec la Recette.

ARTICLE II.

Il sera pareillement procédé le premier Octobre de l'année 1753, & de la même maniere, à l'élection d'un second & d'un quatrieme Consul qui seront choisis; sçavoir, le second dans la Communauté des Procureurs en notre Cour de Parlement, & le quatrieme, entre les plus notables Habitants de la Perriere & de Saint-Laurent.

ARTICLE III.

Cet ordre pour l'élection des quatre Consuls, & les Corps dans lesquels ils doivent être pris, sera observé tous les ans alternativement dans les premiers jours du mois d'Octobre, de maniere qu'à chaque élection il reste toujours deux anciens Consuls avec les deux nouveaux pour administrer conjointement avec eux pendant la premiere année.

ARTICLE IV.

Aucun Consul ne pourra être continué au-delà de quatre années, à moins que ce ne soit pour causes connues & approuvées.

ARTICLE V.

Il ne sera élu pour les places des trois derniers Consuls aucuns sujets qui ne possedent en propriété dans la Ville ou son terroir des maisons ou des fonds, du moins jusqu'à trois livres d'estime sur le parcelaire; ou qui ne possédant aucuns fonds, ne soient compris au rôle pour les facultes mobiliaires & industrie, du moins à la somme de cinq livres; ensorte cependant que desdits trois Consuls, il y en ait toujours deux possédant fonds, à peine de nullité de leur élection.

ARTICLE VI.

Dans le cas de décès de l'un des Consuls, il ne pourra être remplacé qu'à l'élection des premiers jours d'Octobre, jusques auquel temps l'administration sera continuée par les trois autres.

ARTICLE VII.

Aucun débiteur ou comptable de la Ville ne pourra être élu au Consulat, non plus que ceux qui auroient quelque Procès avec la Communauté.

ARTICLE VIII.

Voulons qu'il soit procédé, dans une Assemblée du Conseil général, à la nomination d'un Trésorier, pour recevoir généralement tous les revenus communs, patrimoniaux & d'octrois de notre Ville de Grenoble, lequel fournira caution devant le Sieur Intendant jusqu'à la somme qui sera par lui fixée, laquelle caution sera reçue en présence des Consuls & du Procureur du Roi de la Ville.

ARTICLE IX.

Le Trésorier ne sera chargé d'aucune poursuite contre les débiteurs, lesquelles seront faites à la Requête des Consuls, après s'y être néanmoins fait autoriser par une Délibération du Conseil de Ville, approuvée par le Sieur Intendant, conformément aux Réglements.

ARTICLE X.

Ledit Trésorier restera en place pendant deux années du jour de sa nomination, à l'expiration desquelles il en sera nommé un autre, à moins que l'Assemblée ne trouve convenable aux intérêts de la Ville, de le continuer, & en cas de décès, il sera remplacé de la même maniere qu'il a été nommé.

ARTICLE XI.

Il aura entrée & voix délibérative dans toutes les Assemblées du Conseil ordinaire & du Conseil général où il ne s'agira pas de délibérer sur affaires intéressant sa gestion, & jouira des appointements qui lui seront accordés dans la même Assemblée de son élection, laquelle sera approuvée par le Sieur Intendant.

ARTICLE XII.

Défendons audit Trésorier de payer aucunes dettes, charges locales, ni dépenses de quelque nature que ce soit, que sur des mandats expédiés par les Consuls, visés & approuvés par ledit Sieur Intendant, à peine de payer deux fois.

ARTICLE XIII.

Il sera tenu de rendre ses comptes exactement dans les temps & dans la forme portés par les Réglements.

ARTICLE XIV.

Les gages des Consuls demeureront fixés à l'avenir annuellement; savoir, ceux du premier Consul, à la somme de six cents

8

livres ; ceux du deuxieme, à quatre cents livres ; ceux du troisieme, à trois cents livres, & ceux du quatrieme, à deux cents
cinquante livres, non compris le droit de marque sur les mesures d'étain qu'il continuera de percevoir. Dérogeons à cet
égard à l'Arrêt de notre Conseil du 13 Août 1715 ; desquels
gages lesdits Consuls seront payés par le Trésorier sur les
Ordonnances qui seront à cet effet expédiées par le Sieur
Intendant.

Article XV.

Il sera entretenu aux frais de la Ville un domestique à sa
livrée, qui sera aux ordres & attaché à la personne du premier
Consul, & en son absence, à celle du second Consul.

Article XVI.

Les deux premiers Consuls ne pourront, pour quelque
cause & en quelque temps que ce soit, s'absenter en même
temps de la Ville : Voulons qu'il en reste toujours un des deux
pour veiller & pourvoir aux affaires pressantes qui pourroient
survenir.

Article XVII.

Le Conseil ordinaire sera à l'avenir composé de quinze personnes ; savoir, des quatre Consuls, d'un Député ou Syndic
du Chapitre de Notre-Dame, d'un Député ou Syndic de la
Collégiale de Saint-André, d'un Député ou Syndic de la Noblesse ; de trois Conseillers, l'un tiré de l'Ordre des Avocats,
l'autre des Corps des Procureurs en notre Cour de Parlement
& au Bailliage, & des Notaires ou Bourgeois vivant de leurs
revenus, & le troisieme, du Corps des Marchands ; du Lieutenant Général de Police, du Procureur pour Nous, de l'Avocat
& Procureur en notredite Cour de Parlement chargés des
affaires de la Ville, & du Trésorier.

Article XVIII.

Le Conseil général sera composé de vingt-cinq personnes ;
savoir, des quinze du Conseil ordinaire, & de dix Conseillers,
dont un second Député ou Syndic de chacun des Chapitres
de Notre-Dame & de Saint André, d'un second Député ou
Syndic de la Noblesse, de deux Avocats, de deux sujets tirés
des Communautés des Procureurs en notredite Cour de Parlement & au Bailliage, d'un tiré du Corps des Notaires ou de

celui des Bourgeois vivant de leurs revenus , & de deux sujets tirés du Corps des Marchands.

Article XIX.

Le lendemain du serment des nouveaux Consuls , le Conseil ordinaire s'assemblera à l'Hôtel-de-Ville pour l'élection des trois Conseillers du Conseil ordinaire qui doivent être tirés du Corps des Avocats , Procureurs , Notaires , Bourgeois vivant de leurs revenus , & des Marchands ; à l'effet de quoi le premier Consul , après en avoir conféré avec ses Collegues , proposera trois sujets pris dans l'Ordre des Avocats ; trois dans celui des Procureurs , Notaires & Bourgeois , & trois dans celui des Marchands , pour en être choisi & élu un des trois de chacune desdites trois classes.

Article XX.

Lesdits trois Conseillers resteront en place pendant trois années , excepté ceux tirés des Corps des Marchands & des Procureurs , Notaires & Bourgeois , qui pour cette fois seulement ne pourront rester les trois années entieres , & seront remplacés ; savoir , celui des Marchands en 1753 ; celui tiré du Corps des Procureurs , Notaires & Bourgeois , en 1754 ; & à l'égard de celui du Corps des Avocats , il remplira les trois années , & sera remplacé en 1755. Ce qui sera observé ainsi alternativement ; de maniere qu'on ne changera qu'un seul desdits trois Conseillers chaque année.

Article XXI.

Le même jour de la nomination des trois Conseillers du Conseil ordinaire , le premier Consul , de l'avis des autres Consuls , proposera dans ledit Conseil ordinaire , quinze sujets ; savoir , quatre du Corps des Avocats ; quatre , des Communautés des Procureurs en notre Cour de Parlement , & au Bailliage ; trois , du Corps des Notaires , ou de celui des Bourgeois vivant de leurs revenus ; & quatre , du Corps des Marchands , pour , dans lesdits sujets proposés , en être élu sept ; savoir , deux Avocats , deux Procureurs , un Notaire ou Bourgeois , & deux Marchands , pour remplir les fonctions de Conseillers dans le Conseil général.

Article XXII.

Lesdits sept Conseillers resteront à l'avenir en place pendant quatre années, à l'exception des deux Marchands qui seront remplacés en 1753; du Notaire ou Bourgeois, en 1754; des deux Procureurs, en 1755; & ce, pour cette fois seulement; & les deux Avocats, en 1756: laquelle regle sera suivie dans la suite annuellement, à commencer en 1757, par le remplacement des deux Marchands.

Article XXIII.

Voulons que dans le nombre des Conseillers des Conseils ordinaire & général, pris dans le tiers-Etat, il y en ait au moins les deux-tiers qui possedent des fonds dans la Communauté, compris dans le cadastre ou parcelaire au moins à trois livres d'estime, ou qui soient imposés pour les facultés mobiliaires & industrie à la somme de cinq livres.

Article XXIV.

Aucun Habitant ne sera admis, & n'aura voix délibérative dans les Conseils de Ville, s'il n'est membre desdits Conseils.

Article XXV.

Les Consuls s'assembleront exactement à l'Hôtel-de-Ville, continueront d'avoir le détail & l'administration des affaires, comme pour le passé, & pourront arrêter tous comptes, mémoires & dépenses pressantes & autres, & en ordonner le paiement jusqu'à la somme de deux cents livres & au-dessous; & à l'égard des autres affaires dont l'objet sera au-dessus de deux cents livres, elles seront examinées & conclues dans le Conseil ordinaire, lequel ne pourra prendre aucunes Délibérations, s'il n'est composé au moins de huit Délibérants.

Article XXVI.

Il ne sera porté aucunes affaires au Conseil général, qu'elles n'aient été agitées dans le Conseil ordinaire, & qu'il n'y ait été conclu, à la pluralité des voix, de les porter dans le Conseil général, où il ne pourra être pris aucune Délibération, qu'au nombre de quinze au moins.

Article XXVII.

Ordonnons qu'il sera incessamment procédé pardevant un Commissaire qui sera nommé par le Sieur Intendant, & en présence de deux Députés qui seront choisis dans une Assemblée du Conseil général, à l'inventaire des titres & papiers de la Ville, lesquels seront fermés sous trois clefs, dont une

demeurera

demeurera au pouvoir du Maire, en cas qu'il en soit élu un en exécution de l'Arrêt du 20 Août dernier, ou du premier Consul ; une autre, entre les mains du Procureur pour Nous, & la troisieme, en celle du Secretaire-Greffier.

ARTICLE XXVIII.

Seront au surplus les Réglements de 1557 & de 1672, concernant l'administration de notre Ville de Grenoble, exécutés suivant leur forme & teneur, en ce qui ne se trouvera pas contraire à ces Présentes. SI VOUS MANDONS que ces Présentes vous ayiez à faire lire, publier & enrégistrer, même en temps de Vacations, & le contenu en icelles & audit Arrêt de notre Conseil exécuter selon sa forme & teneur, cessant & faisant cesser tous troubles & empêchements, & nonobstant toutes choses à ce contraires : CAR tel est notre plaisir. DONNE' à Versailles le onzieme jour d'Avril l'an de grace mil sept cent cinquante-deux, & de notre Regne le trente-septieme. *Signé* LOUIS. *Et plus bas :* Par le Roi Dauphin. M. P. DE VOYER D'ARGENSON. Vu au Conseil, MACHAULT.

EXTRAIT DES REGISTRES
DU CONSEIL D'ETAT.

LE ROI étant informé que l'administration de la Ville de Grenoble, Capitale de la Province de Dauphiné, est confiée à quatre Consuls choisis & élus par les Habitants, de la maniere prescrite par l'Arrêt du Conseil du 7 Juillet 1731 ; que les affaires sont d'abord portées dans un Conseil ordinaire, où la plupart ne sont point décidées, mais ensuite mises en deliberation dans un Conseil général appellé Conseil de quarante ; que dans plusieurs occasions les Consuls prennent directement les ordres de l'Intendant de la Province, chargé par état de veiller à l'administration des Communautés ; que le premier Consul, suivant d'anciens Réglements du Parlement de Grenoble des années 1557 & 1672, faits par provision, &

ſous le bon plaiſir de Sa Majeſté, eſt tiré du Corps de la No-
bleſſe d'épée ou de robe ; le ſecond, de la Communauté des
Procureurs au Parlement ; le troiſieme, du Corps des Marchands ; & le quatrieme, dans le nombre des Notables Habitants des quartiers de la Perriere & de Saint-Laurent, qui ſont
ſéparés du ſurplus de la Ville, par la riviere d'Iſere : Que
leurs gages ont été fixés par le Gouverneur & les Intendants
de la Province, & en dernier lieu, par Arrêt du 13 Août 1715 ;
ſavoir, ceux du premier Conſul, à 400 livres ; ceux du ſecond,
à 300 livres ; ceux du troiſieme, à 200 livres, outre 600 livres
qui lui ſont accordées comme chargé de la Recette des revenus de la Ville ; & ceux du quatrieme, à 100 livres, indépen-
damment d'un droit de marque qu'il exige ſur les meſures d'é-
tain : Que ſi cette adminiſtration ſemble bien établie, elle demande cependant, pour l'avantage de la Ville, quelques changements : Que les Nobles d'épée qui ont toujours été deſtinés
avec raiſon pour la premiere place de Conſul, ne fourniſſant pas,
comme on le deſireroit, aſſez de ſujets pour la remplir, à cauſe
de leurs affaires perſonnelles qui ne leur permettent pas de ſe
livrer entiérement à celles de la Ville, il paroît indiſpenſable
d'admettre également dans cette place des ſujets pris dans l'Ordre
des Avocats ; de confirmer l'uſage dans lequel on eſt de deſtiner
la ſeconde place aux Procureurs au Parlement, & d'admettre
indiſtinctement, pour la troiſieme, les Notaires, Procureurs au
Bailliage, les Bourgeois vivant de leurs revenus, & les Marchands : Que d'ailleurs les gages dont jouiſſent actuellement
les quatre Conſuls, ne ſont pas proportionnés, eu égard aux
revenus & aux charges de la Ville, à la perte réelle du temps
que l'adminiſtration des affaires de la Communauté exige :
qu'il conviendroit encore que le premier Conſul eût un domeſti-
que à la livrée de la Ville, attaché à ſa perſonne, & à celle du
ſecond Conſul, en ſon abſence : Que la Recette des revenus &
des différents paiements qu'il faut faire pendant le cours de
l'année, formant un objet d'occupation ſuffiſant pour une perſonne, empêchent le troiſieme Conſul de ſe livrer à aucun
autre détail relatif au Conſulat ; ce qui doit déterminer à confier
cette Recette à un autre Habitant ſolvable, avec des émoluments proportionnés à ſes ſoins, & avec la faculté d'entrer aux

Assemblées de l'Hôtel-de-Ville, & d'y avoir voix délibérative, lorsqu'il ne s'agira point de sa gestion : Que les changements survenus depuis l'établissement des deux Conseils, exigent qu'ils soient formés de nouveau, & que le Conseil général soit réduit à un nombre moindre de quarante, soit parce que ce nombre ne se trouve presque jamais à aucune Assemblée, soit parce que l'expérience apprend, que, plus les Assemblées des personnes de différents états sont nombreuses, moins les affaires y sont examinées avec l'attention qu'elles exigent : Qu'enfin on n'a pas prévu par les anciens Réglements, qu'il arrive souvent des affaires peu importantes, mais qui sont instantes & provisoires, dont l'administration semble devoir être confiée à la prudence des seuls Consuls, sans exiger qu'ils en référent au Conseil. A quoi voulant pourvoir : Oui le Rapport :

LE ROI ETANT EN SON CONSEIL, a ordonné & ordonne ce qui suit :

ARTICLE PREMIER.

Qu'il sera convoqué le premier Octobre prochain, & dans la forme prescrite par l'Arret du Conseil du 7 Juillet 1731, une Assemblée à l'effet d'y être procédé à l'élection d'un premier & d'un troisieme Consul, qui seront choisis ; savoir, le premier, dans le Corps de la Noblesse d'épée ou de robe, ou dans celui des Avocats indistinctement ; & le troisieme, dans le Corps des Notaires, Procureurs au Bailliage de Graisivodan & des Bourgeois & Marchands, lequel ne pourra être chargé à l'avenir de la Recette des revenus de la Ville, Sa Majesté déclarant le Consulat incompatible avec la Recette.

II.

Qu'il sera pareillement procédé le premier Octobre de l'année 1753, & de la même maniere, à l'élection d'un second & d'un quatrieme Consul qui seront choisis ; savoir, le second dans la Communauté des Procureurs au Parlement, & le quatrieme, entre les plus notables Habitants de la Perriere & de Saint-Laurent.

III.

Cet ordre pour l'élection des quatre Consuls, & les Corps dans lesquels ils doivent être pris, sera observé tous les ans alternativement dans les premiers jours du mois d'Octobre ; de manière qu'à chaque élection il reste toujours deux anciens Consuls avec les deux nouveaux, pour administrer conjointement avec eux pendant la premiere année.

I V.

Aucun Consul ne pourra être continué au-delà de quatre années, à moins que ce ne soit pour causes connues & approuvées.

V.

Il ne sera élu pour les places des trois derniers Consuls aucuns sujets qui ne possedent en propriété dans la Ville ou son terroir, des maisons ou des fonds, du moins jusqu'à trois livres d'estime sur le parcelaire ; ou qui ne possédant aucuns fonds, ne soient compris au rôle pour les facultés mobiliaires & industrie, du moins à la somme de cinq livres ; ensorte cependant que desdits trois Consuls, il y en ait toujours deux possédant fonds, à peine de nullité de leur élection.

V I.

Dans le cas de décès de l'un des Consuls, il ne pourra être remplacé qu'à l'élection des premiers jours d'Octobre, jusques auquel temps l'administration sera continuée par les trois autres.

V I I.

Aucun débiteur ou comptable de la Ville ne pourra être élu au Consulat, non plus que ceux qui auroient quelque procès avec la Communauté.

V I I I.

Veut Sa Majesté, qu'il soit procédé, dans une Assemblée du Conseil général, à la nomination d'un Trésorier pour recevoir généralement tous les revenus communs, patrimoniaux & d'octrois de la Ville de Grenoble, lequel fournira caution devant le Sieur Intendant jusqu'à la somme qui sera par lui fixée ; laquelle caution sera reçue en présence des Consuls & du Procureur du Roi de la Ville.

I X.

Le Trésorier ne sera chargé d'aucune poursuite contre les débiteurs, lesquelles seront faites à la Requête des Consuls, après s'y être néanmoins fait autoriser par une Délibération du Conseil de Ville, approuvée par le Sieur Intendant, conformément aux Réglements.

X.

Ledit Tréforier reftera en place pendant deux années du jour de fa nomination, à l'expiration defquelles il en fera nommé un autre, à moins que l'Affemblée ne trouve convenable aux intérêts de la Ville de le continuer, & en cas de décès, il fera remplacé de la même maniere qu'il aura été nommé

X I.

Il aura entrée & voix délibérative dans toutes les Affemblées du Confeil ordinaire & du Confeil général où il ne s'agira pas de délibérer fur affaires intéreffant fa geftion, & jouira des appointements qui lui feront accordés dans la même Affemblée de fon élection, laquelle fera approuvée par le Sieur Intendant.

X I I.

Défend Sa Majefté audit Tréforier de payer aucunes dettes, charges locales, ni dépenfes de quelque nature que ce foit, que fur des mandats expédiés par les Confuls, vifés & approuvés par ledit Sieur Intendant, à peine de payer deux fois.

X I I I.

Il fera tenu de rendre fes comptes exactement dans les temps & dans la forme portés par les Reglements.

X I V.

Les gages des Confuls demeureront fixés à l'avenir annuellement ; favoir, ceux du premier Conful, à la fomme de fix cents livres ; ceux du fecond, à quatre cents livres ; ceux du troifieme, à trois cents livres, & ceux du quatrieme, à deux cents cinquante livres, non compris le droit de marque fur les mefures d'étain qu'il continuera de percevoir : Dérogeant à cet égard Sa Majefté à l'Arrêt du Confeil du 13 Août 1715 : defquels gages lefdits Confuls feront payés par le Tréforier fur les Ordonnances qui feront à cet effet expédiées par le Sieur Intendant.

X V.

Il fera entretenu aux frais de la Ville un domeftique à fa livrée, qui fera aux ordres & attaché à la perfonne du premier Conful, & en fon abfence, à celle du fecond Conful.

X V I.

Les deux premiers Confuls ne pourront , pour quelque caufe & en quelque temps que ce foit , s'abfenter en même temps de la Ville : Voulant Sa Majefté, qu'il en refte toujours un des deux pour veiller & pourvoir aux affaires preffantes qui pourroient furvenir.

X V I I.

Le Confeil ordinaire fera à l'avenir compofé de quinze perfonnes ; favoir, des quatre Confuls, d'un Député ou Syndic du Chapitre de Notre-Dame, d'un Député ou Syndic de la Collégiale de Saint André, d'un Député ou Syndic de la Nobleffe, de trois Confeillers, l'un tiré de l'ordre des Avocats, l'autre des Corps des Procureurs au Parlement & au Bailliage, & des Notaires ou Bourgeois vivant de leurs revenus, & le troifieme, du Corps des Marchands, du Lieutenant Général de Police, du Procureur du Roi, de l'Avocat & du Procureur au Parlement chargés des affaires de la Ville, & du Tréforier.

X V I I I.

Le Confeil général fera compofé de vingt-cinq perfonnes ; favoir, des quinze du Confeil ordinaire, & de dix Confeillers, dont un fecond Député ou Syndic de chacun des Chapitres de Notre-Dame & de Saint André, d'un fecond Député ou Syndic de la Nobleffe, de deux Avocats, de deux fujets tirés des Communautés des Procureurs au Parlement & au Bailliage, d'un tiré du Corps des Notaires ou de celui des Bourgeois vivant de leurs revenus, & de deux fujets tirés du Corps des Marchands.

X I X.

Le lendemain du ferment des nouveaux Confuls, le Confeil ordinaire s'affemblera à l'Hôtel-de-Ville pour l'élection des trois Confeillers dudit Confeil ordinaire, qui doivent être tirés des Corps des Avocats, Procureurs, Notaires, Bourgeois vivant de leurs revenus, & des Marchands ; à l'effet de quoi, le premier Conful après en avoir conféré avec fes Collegues, propofera trois fujets pris dans l'Ordre des Avocats ; trois, dans celui des Procureurs, Notaires & Bourgeois, & trois, dans celui des Marchands, pour en être choifi & élu un des trois de chacune defdites trois claffes.

X X.

Lefdits trois Confeillers refteront en place pendant trois années, excepté ceux tirés des Corps des Marchands & des Procureurs, Notaires & Bourgeois, qui pour cette fois feulement
ne pourront refter les trois années entieres , & feront remplacés ; favoir, celui des Marchands en 1753; celui tiré du
Corps des Procureurs, Notaires & Bourgeois, en 1754 : Et à
l'egard de celui du Corps des Avocats, il remplira les trois
années, & fera remplacé en 1755 ; ce qui fera obfervé ainfi
alternativement , de maniere qu'on ne changera qu'un feul
defdits trois Confeillers chaque année.

X X I.

Le même jour de la nomination des trois Confeillers du
Confeil ordinaire, le premier Conful, de l'avis des autres Confuls, propofera dans ledit Confeil ordinaire quinze fujets ; favoir , quatre du Corps des Avocats; quatre, des Communautés
des Procureurs au Parlement & au Bailliage ; trois, du Corps
des Notaires ou de celui des Bourgeois vivant de leurs revenus ; & quatre , du Corps des Marchands, pour , dans lefdits
fujets propofés, en être élu fept ; favoir , deux Avocats, deux
Procureurs, un Notaire ou Bourgeois, & deux Marchands , pour
remplir les fonctions de Confeillers dans le Confeil général.

X X I I.

Lefdits fept Confeillers refteront à l'avenir en place pendant
quatre années , à l'exception des deux Marchands qui feront
remplacés en 1753 ; du Notaire ou Bourgeois , en 1754 ; des
deux Procureurs, en 1755 ; & ce, pour cette fois feulement ;
& les deux Avocats , en 1756. Laquelle regle fera fuivie dans
la fuite annuellement, à commencer en 1757, par le remplacement des deux Marchands.

X X I I I.

Veut Sa Majefté , que dans le nombre des Confeillers des
Confeils ordinaire & général , pris dans le tiers-Etat, il y en ait
au moins les deux-tiers qui poffedent des fonds dans la Communauté, compris dans le cadaftre ou parcelaire au moins à
trois livres d'eftime , ou qui foient impofés pour les facultés mobiliaires & induftrie , à la fomme de cinq livres.

XXIV.

Aucun Habitant ne sera admis, & n'aura voix délibérative dans les Conseils de Ville, s'il n'est membre desdits Conseils.

XXV.

Les Consuls s'assembleront exactement à l'Hôtel-de-Ville, continueront d'avoir le détail & l'administration des affaires comme pour le passé, & pourront arrêter tous comptes, mémoires & dépenses pressantes, & autres, & en ordonner le paiement jusqu'à la somme de deux cents livres & au-dessous; & à l'égard des autres affaires dont l'objet sera au-dessus de deux cents livres, elles seront examinées & conclues dans le Conseil ordinaire, lequel ne pourra prendre aucunes Délibérations, s'il n'est composé au moins de huit Délibérants.

XXVI.

Il ne sera porté aucunes affaires au Conseil général, qu'elles n'aient été agitées dans le Conseil ordinaire, & qu'il n'y ait été conclu, à la pluralité des voix, de les porter dans le Conseil géneral, où il ne pourra être pris aucune Delibération, qu'au nombre de quinze au moins.

XXVII.

Ordonne Sa Majesté, qu'il sera incessamment procédé pardevant un Commissaire, qui sera nommé par le Sieur Intendant, & en présence de deux Députés qui seront choisis dans une Assemblée du Conseil général, à l'inventaire des titres & papiers de la Ville, lesquels seront fermés sous trois clefs, dont une demeurera au pouvoir du Maire, en cas qu'il en soit élu un en exécution de l'Arrêt du 20 Août dernier, ou du premier Consul; une autre, entre les mains du Procureur du Roi, & la troisieme, en celles du Secretaire-Greffier.

XXVIII.

Seront au surplus les Réglements de 1557 & de 1672 concernant l'administration de la Ville de Grenoble, exécutés suivant leur forme & teneur, en ce qui ne se trouvera pas contraire au présent Arrêt, sur lequel toutes Lettres nécessaires seront expédiées. FAIT au Conseil d'Etat du Roi, Sa Majesté y étant, tenu pour les Finances à Versailles, le onze Avril mil sept cent cinquante deux. M. P. DE VOYER.

SUR la Requête préfentée à la Cour par le Procureur Général du Roi, tendante à publication & enregiftrement des Lettres Patentes fur Arrêt, portant Réglement pour l'adminiftration des Affaires Municipales de cette Ville, données à Verfailles par Sa Majefté le onze Avril dernier.

VU par la Cour lefdites Lettres Patentes & ladite Requête fignée MOYDIEU, Procureur Général.

LA COUR, les Chambres affemblées, entérinant ladite Requête, a ordonné & ordonne que lefdites Lettres Patentes feront lues & publiées à la premiere Audience des Vacations, & enregiftrées au Greffe de la Cour, pour être exécutées fuivant leur forme & teneur, excepté néanmoins en ce qui concerne les articles ci-après; favoir, à l'égard des articles premier, fecond, troifieme, quatrieme & fixieme defdites Lettres Patentes, ordonne que l'élection Confulaire fe fera aux formes ordinaires le premier Dimanche après les Rois de l'année prochaine fuivant l'ufage dans tous les temps obfervé; & que dans le cas où un Avocat feroit nommé premier Conful, il ne pourra être choifi que dans le nombre de ceux qui fe trouveront infcrits au Tableau enfuite des Réglements de la Cour; & en ce qui concerne l'article huit, ordonne que le Tréforier qui aura été nommé conformément audit article, fe pourvoira à la Cour pour obtenir commiffion au Juge de Grenoble pour recevoir fon ferment avant que d'entrer en fonctions; & en ce qui concerne l'article vingt-fept defdites Lettres, ordonne que l'inventaire des papiers qui font en dépôt, ou qui le feront à l'avenir aux Archives de la Maifon-de-Ville, fera fait pardevant un Confeiller en la Cour, lequel fera à ces fins député à la Requête du Procureur Général du Roi; & en conféquence, ordonne que copies collationnées par un des Secretaires en la Cour defdites Lettres & du préfent Arrêt, feront envoyées au Greffe de l'Hôtel-de-Ville, pour y être enregiftrées à la diligence du Subftitut du Procureur Général audit Hôtel-de-Ville, & exécutées de point en point, fuivant leur forme & teneur. FAIT en Parlement le fept Septembre mil fept cent cinquante-deux.

Lecture & publication a été faite en Audience publique des Vacations, & regiſtrées au Greffe de la Cour, oui & ce requérant le Procureur Général du Roi, pour être exécutées ſuivant leur forme & teneur, excepté néanmoins en ce qui concerne les articles ci-après : ſavoir, à l'egard des articles premier, ſecond, troiſieme, quatrieme & ſixieme deſdites Lettres Patentes, ordonne que l'élection Conſulaire ſe fera aux formes ordinaires, le premier Dimanche après les Rois de l'année prochaine, ſuivant l'uſage dans tous les temps obſervé ; & que dans le cas où un Avocat ſeroit nommé premier Conſul, il ne pourra être choiſi que dans le nombre de ceux qui ſe trouveront inſcrits au Tableau enſuite des Réglements de la Cour : & en ce qui concerne l'article huit, ordonne que le Tréſorier qui aura été nommé conformément audit article, ſe pourvoira à la Cour pour obtenir commiſſion au Juge de Grenoble pour recevoir ſon ſerment avant que d'entrer en fonctions ; & en ce qui concerne l'article vingt-ſept deſdites Lettres, ordonne que l'inventaire des papiers qui ſont en dépôt, ou qui le ſeront à l'avenir aux Archives de la Maiſon-de-Ville, ſera fait pardevant un Conſeiller en la Cour : lequel ſera à ces fins député à la Requête du Procureur Général du Roi. Fait à Grenoble en la Chambre ordonnée en temps de Vacations le 11 Septembre 1752. Signé AMAT.

Extrait des Regiſtres de la Cour de Parlement, Aides & Finances de Dauphiné, au requis de M. le Procureur Général du Roi.